27
Ln 14432.

LA MÉPRISE D'ARRAS.

LA
MÉPRISE D'ARRAS.

LA

MÉPRISE D'ARRAS,

PAR

Mʀ. DE VOLTAIRE.

A LAUSANNE,
Chez FRANÇ. GRASSET & COMP.

MDCCLXXI.

LA *MÉPRISE D'ARRAS*,

IL est nécessaire de justifier la France de ces accusations de parricide qui se renouvellent trop souvent, & d'inviter les juges à consulter mieux les lumières de la raison, & la voix de la nature.

Il serait dur de dire à des magistrats, vous avez à vous reprocher l'erreur & la barbarie ; mais il est plus dur que des citoyens en soient les victimes.

Sept hommes prévenus peuvent tranquilement livrer un père de famille aux plus affreux supplices. Or, qui est le plus à plaindre ou des familles réduites à la mendicité, dont les pères, les mères, les frères sont morts injustement dans des suplices épouvantables, ou des juges tranquilles & sûrs de l'impunité, à qui l'on dit qu'ils se sont trompés, qui écoutent à peine ce reproche, & qui vont se tromper encore ?

Quand les supérieurs font une injustice évidente & atroce, il faut que cent mille voix leur disent qu'ils sont injustes. Cet arrêt prononcé par la nation est leur seul châtiment : c'est un tocsin général qui éveille la justice endormie, qui l'avertit d'être sur ses gardes, qui peut sauver la vie à des multitudes d'innocens.

Dans l'avanture horrible des *Calas*, la voix publique s'est élevée contre un capitoul fanatique qui poursuivit la mort d'un juste, & contre huit magistrats trompés qui la signèrent. Je n'entends pas ici par *voix publique* celle de la populace qui est presque toûjours absurde : ce n'est point une voix ; c'est un cri de brutes. Je parle de cette voix de tous les honnêtes gens réunis qui réfléchissent, & qui avec le tems portent un jugement infaillible.

La condamnation des *Sirven* à la mort a fait moins de bruit dans l'Europe, parce qu'elle n'a pas été exécutée; mais tous ceux qui ont appris les conclusions du magister de village nommé *Trinquier*, chargé des fonctions de procureur du roi dans cette afaire, ont parlé aussi haut que dans l'assassinat juridique des *Calas*.

Ce *Trinquier* avait donné ses conclusions en ces propres mots, très remarquables; *Nous requerons l'accusé duement atteint & convaincu de parricide, qu'il soit banni pour dix ans de la ville & jurisdiction de Mazamet.*

Du moins, dans l'énoncé des conclusions de cet imbécille, il n'y avait qu'un excès de ridicule & de bétise, au lieu que les conclusions du procureur-général de Toulouse dans le procès des *Calas*, allaient à rouer le fils avec le père, & à brûler la mère toute vive sur les corps de son époux & de son fils. Une mère! & la mère la plus tendre! la plus respectable!

Cette voix publique prononçait donc avec raison, que deux choses sont absolument nécessaires à un magistrat, le sens commun & l'humanité.

Elle était bien forte, cette voix ; elle montrait la nécessité du tribunal suprême du conseil d'état qui juge les justices ; elle réclamait son autorité alors tellement négligée que l'arrêt du conseil qui justifia les *Calas* ne put jamais être affiché dans Toulouse.

Quelquefois, & peut-être trop souvent, au fond d'une province, des juges prodiguaient le sang innocent dans des suplices épouvantables ; la sentence & les piéces du procès arrivaient à la tournelle de Paris avec le condamné. Cette chambre, dont le ressort était immense, n'avait pas le tems de l'examen ; la sentence était confirmée. L'accusé que des archers avaient conduit dans l'espace de quatre cent milles à très grands frais, était ramené pendant quatre cent milles à plus grands frais au lieu de son suplice. Et cela nous aprend l'éternelle reconnaissance que nous devons au roi d'avoir diminué ce ressort, d'avoir détruit ce grand abus, d'avoir créé des conseils supérieurs dans les provinces (& surtout d'avoir fait rendre gratuitement la justice.)

Nous avons déjà parlé ailleurs du supplice de la roue, dans lequel périt il y a peu d'années, ce bon cultivateur, ce bon père de famille nommé *Martin*, d'un village du Barois ressortissant au parlement de Paris. Le premier juge condamna ce vieillard à la torture qu'on appelle *ordinaire & extraordinaire*, & à expirer sur la roue ; & il le condamna non-seulement sur les indices les plus équivoques, mais sur des présomptions qui devaient établir son innocence.

Il s'agissait d'un meurtre & d'un vol commis auprès de sa maison, tandis qu'il dormait profondément entre sa femme & ses sept enfans. On confronte l'accusé avec un passant qui avait été témoin de l'assassinat. *Je ne le reconnais pas*, dit le passant, *ce n'est pas là le meurtrier que j'ai vu ; l'habit est semblable, mais le visage est diférent.* Ah! DIEU *soit loué*, s'écrie le bon vieillard, *ce témoin ne m'a pas reconnu.*

Sur ces paroles, le juge s'imagine que le vieillard plein de l'idée de son crime, a voulu dire, je l'ai commis, on ne m'a pas reconnu, me voilà sauvé. Mais il est clair que ce vieillard, plein de son innocence, voulait dire : *Ce témoin a reconnu que je ne suis pas coupable, il a reconnu que mon visage n'est pas celui du meurtrier.* Cette étrange logique d'un bailli & des préfomptions encor plus fausses, déterminent la sentence précipitée de ce juge & de ses assesseurs. Il ne leur tombe pas dans l'esprit d'interroger la femme, les enfans, les voisins, de chercher si l'argent volé se trouve dans la maison, d'examiner la vie de l'accusé, de confronter la pureté de ses mœurs avec ce crime. La sentence est portée; la tournelle trop occupée: alors signe sans examen *bien jugé*. L'accusé expire sur la roue devant sa porte; son bien est confisqué; sa femme s'enfuit en Autriche avec ses petits enfans. Huit jours après le scélérat qui avait commis le meurtre, eft fuplicié pour d'autres crimes. Il avoue à la potence qu'il eft coupable de l'affaffinat pour lequel ce bon père de famille eft mort.

Une fatalité fingulière fait que je fuis inftruit de cette cataftrophe. J'en écris à un de mes neveux confeiller au parlement de Paris. Ce jeune homme vertueux & fenfible trouve après bien des recherches la minute de l'arrêt de la tournelle égarée dans la poudre d'un greffe. On promet de réparer ce malheur; les tems ne l'ont pas permis; la famille refte difperfée & mendiante dans le pays étranger avec d'autres familles que la mifère a chaffées de leur patrie.

Des cenfeurs me reprochent que j'ai déjà parlé de ces défaftres; oui, j'ai peint & je veux repeindre ces tableaux néceffaires, dont il faut multiplier les copies; j'ai dit & je redis que la mort de la maréchale d'*Ancre* & du maréchal de *Marillac* font la honte éternelle des lâches barbares qui les condamnèrent. On doit répéter à la poftérité qu'un jeune gentilhomme de la plus grande espérance pouvait ne pas être condamné à la torture, au supplice du poing coupé, de la langue arrachée & de la mort dans les flammes, pour quelques emportemens passagers de jeunesse dont un an de prison l'auroit corrigé, pour des indiscretions si secrètes, si inconnues, qu'on fut obligé de les faire révéler par des monitoires ; ancienne procédure de l'inquisition. L'Europe entière s'est soulevée contre cette sentence ; & il faut empêcher que l'Europe ne l'oublie.

On doit redire que le comte de *Lalli* n'était coupable ni de péculat ni de trahison. Ses nombreux ennemis l'accusèrent avec autant de violence qu'il en avait déployée contre eux ? Il est mort sur l'échafaut : ils commencent à le plaindre.

Plus d'une fois on s'est récrié contre la rigueur du suplice de ce garde-du-corps qui fut pendu pour s'être fait quelques blessures afin de s'attirer une petite récompense, & de ce malheureux qu'on apellait *le fou de Ver-*

berie qui fut puni par la mort des fotifes fans conféquence qu'il avait dites dans un foupé.

N'eft-il pas bien permis, que dis-je! bien néceffaire d'avertir fouvent les hommes qu'ils doivent ménager le fang des hommes. On répète tous les jours des vérités qui ne font de nulle importance; on avertit plufieurs fois qu'un ex-jéfuite auffi hardi qu'ignorant s'eft groffiérement trompé en afirmant qu'aucun roi de la premiére race n'eut plufieurs femmes à la fois; en affurant que le roi *Henri III* n'affiégea point la ville de Livron, &c. &c. &c. On réfute en vingt endroits les calomnies dont un autre ex-jéfuite nommé *Patouillet* a fouillé des mandemens d'évêques. On eft forcé à ces répétitions, parce que ce qui échape à un lecteur, eft recueilli par un autre; parce que ce qui eft perdu dans une brochure, fe retrouve dans un livre nouveau. Les écrivains de Port-Royal ont mille fois redoublé leurs plaintes contre leurs adverfaires. Quoi! on aura répété que les cinq propofitions ne font pas expreffément dans *Jansénius*, dont personne ne se soucie, & on ne répéterait pas des vérités fatales qui intéressent le genre-humain ! Je voudrais que le récit de toutes les injustices retentît sans cesse à toutes les oreilles. Je vais donc exposer encor la méprise d'Arras, d'après une consultation autentique de treize avocats, & celle du savant professeur Mr. *Louis*.

Il ne s'agit que d'une famille obscure & pauvre de la ville de St. Omer. Mais le plus vil citoyen massacré sans raison avec le glaive de la loi, est précieux à la nation & au roi qui la gouverne.

PROCÉS CRIMINEL
DU SR. MONBAILLI ET DE SA FEMME.

Une veuve, nommée *Monbailli* du nom de son mari, âgée de soixante ans, d'un embonpoint & d'une grosseur énorme, avait l'habitude de s'enyvrer du poison qu'on appelle si improprement *eau-de-vie*. Cette funeste passion très connue dans la ville, l'avait déja jettée dans plusieurs accidens qui faisaient craindre pour sa vie. Son fils *Monbailli* & sa femme *Danel* couchaient dans l'antichambre de la mère, tous trois subsistaient d'une manufacture de tabac que la veuve avait entreprise. C'était une concession des fermiers-généraux, qu'on pouvait perdre par sa mort, & un lien de plus qui attachait les enfans à sa conservation ; ils vivaient ensemble, malgré les petites altercations si ordinaires entre les jeunes femmes & leurs belles-mères, surtout dans la pauvreté. Ce *Monbailli* avait un fils, autre raison plus puissante pour le détourner du crime. Sa principale occupation était la culture d'un jardin de fleurs, amusement des ames douces. Il avait des amis ; les cœurs atroces n'en ont jamais.

Le 7 Juillet 1770 une ouvrière se présente à sept heures du matin à sa porte pour parler à la veuve. *Monbailli* & son épouse étaient couchés ; la jeune femme dormait encor (circonstance essentielle qu'il faut bien remarquer). *Monbailli* se lève & dit à l'ouvrière que sa mère n'est pas éveillée. On attend longtems ; enfin on entre dans la chambre, on trouve la vieille femme renversée sur un petit cofre près de son lit, la tête penchée à terre, l'œil droit meurtri d'une plaie assez profonde faite par la corne du cofre sur lequel elle était tombée, le visage livide & enflé, quelques goûtes de sang échapées du nez dans lequel il s'était formé un caillot considérable. Il était visible qu'elle était morte d'une apoplexie subite en sortant de son lit & en se débatant. C'est une fin très commune dans la Flandre à tous ceux qui boivent trop de liqueurs fortes.

Le fils s'écrie, Ah mon D I E U ! *ma mère est morte !* il s'évanouït ; sa femme se lève à ce cri ; elle accourt dans la chambre.

L'horreur d'un tel spectacle se conçoit assez. Elle crie au secours ; l'ouvrière & elle apellent les voisins. Tout cela est prouvé par les dépositions. Un chirurgien vient saigner le fils ; ce chirurgien reconnaît bientôt que la

mère

mère eſt expirée. Nul doute, nul ſoupçon ſur le genre de ſa mort ; tous les aſſiſtans conſolent *Monbailli* & ſa femme. On envelope le corps ſans aucun trouble ; on le met dans un cercueil ; & il doit être enterré le 29 au matin ſelon les formalités ordinaires.

Il s'élève des conteſtations entre les parens & les créanciers pour l'apoſition du ſcellé. *Monbailli* le fils eſt préſent à tout ; il diſcute tout avec une préſence d'eſprit imperturbable & une afliction tranquille que n'ont jamais les coupables.

Cependant, quelques perſonnes du peuple qui n'avaient rien vu de tout ce qu'on vient de raconter, commencent à former des ſoupçons ; elles ont apris que la veille de ſa mort la *Monbailli* étant yvre avait voulu chaſſer de ſa maiſon ſon fils & ſa belle fille ; qu'elle leur avait fait même ſignifier par un procureur un ordre de déloger ; que lorſqu'elle eut repris un peu ſes ſens, ſes enfans ſe jettèrent à ſes genoux ; qu'ils l'apaiſèrent, & qu'elle les remit au lendemain matin pour achever la ré-

B

conciliation. On imagina que *Monbailli* & sa femme avaient pu assassiner leur mère pour se venger ; car ce ne pouvait être pour hériter, puisqu'elle a laissé plus de dettes que de bien.

Cette supposition, toute improbable qu'elle était, trouva des partisans, & peut-être parce qu'elle était improbable. La rumeur de la populace augmenta de moment en moment selon l'ordinaire ; le cri devint si violent que le magistrat fut obligé d'agir ; il se transporte sur les lieux ; on emprisonne séparément *Monbailli* & sa femme, quoiqu'il n'y eût ni corps de délit, ni plainte, ni accusation juridique, ni vraisemblance de crime.

Les médecins & les chirurgiens de St. Omer sont mandés pour examiner le cadavre & pour faire leur raport. Ils disent unanimement, que la mort a pu être causée par une hémorragie que la plaie de l'œil a produite, ou par une sufocation.

Quoique leur raport n'ait pas été assez exact, comme le prouve le professeur *Louis* il était pourtant fufifant pour difculper les accufés. On trouva quelques goutes de fang auprès du lit de cette femme ; mais elles étaient la fuite évidente de la bleffure qu'elle s'était faite à l'œil en tombant. On trouva une goute de fang fur l'un des bas de l'accufé ; mais il était clair que c'était un effet de fa faignée. Ce qui le juftifiait bien davantage, c'était fa conduite paffée, c'était la douceur reconnue de fon caractère. On ne lui avait rien reproché jufqu'alors ; il était moralement impoffible qu'il eût paffé en un moment de l'innocence de fa vie au parricide, & que fa jeune femme eût été fa complice. Il était phyfiquement impoffible par l'infpection du cadavre que la mère fût morte affaffinée ; il n'était pas dans la nature que fon fils & fa fille euffent dormi tranquillement après ce crime qui aurait été leur premier crime, & qu'on les eût vus toûjours fereins dans tous les momens où ils auraient dû être faifis de toutes les agitations que produifent néceffairement le remords d'une fi horrible action, & la crainte du fuplice. Un fcélérat endurci peut afecter de la tranquillité dans le parricide. Mais deux jeunes époux !

Les juges connaiffaient les mœurs de *Monbailli*; ils avaient vu toutes fes démarches; ils étaient parfaitement inftruits de toutes les circonftances de cette mort. Ainfi ils ne balancèrent pas à croire le mari & la femme innocens. Mais la rumeur populaire qui dans de telles avantures fe diffipe bien moins aifément qu'elle ne s'élève, les força d'ordonner un plus amplement informé d'une année, pendant laquelle les accufés demeureraient en prifon.

Le procureur du roi apella de cette fentence au confeil d'Artois, dont St. Omer reffortit. Il pouvait en effet la trouver trop rigoureufe, puifque les accufés reconnus innocens, demeuraient enfermés dans un cachot pendant une année entière. Mais l'appel fut ce qu'on appelle, *à minima*, c'eft-à-dire, d'une trop petite peine à une plus grande; forte de urifprudence inconnue aux Romains nos législateurs, qui n'imaginèrent jamais de faire juger deux fois un accusé pour augmenter son suplice, ou pour le traiter en criminel après qu'il avait été déclaré innocent ; jurisprudence cruelle dont le contraire est raisonnable & humain ; jurisprudence qui dément cette loi si naturelle, *non bis in idem.*

Le conseil supérieur d'Arras jugea *Moubailli* & sa femme sur les seuls indices, qui n'avaient pas même paru des indices aux juges de St. Omer, beaucoup mieux informés, puisqu'ils étaient sur les lieux.

Malheureusement on ne convient pas trop quels sont les indices assez puissans pour engager un juge à commencer par disloquer les membres d'un citoyen son égal par le tourment de la question. L'ordonnance de 1670 n'a rien statué sur cette afreuse opération préliminaire. Un indice n'est précisément qu'une conjecture ; d'ailleurs les loix romaines n'ont jamais apliqué un citoyen Romain à la torture ni sur aucune conjecture, ni sur aucune preuve. La barbarie de la question ne fut d'abord exercée fur des hommes libres que par l'inquifition. On prétend qu'originairement elle fut inventée par des voleurs qui voulaient forcer un père de famille à découvrir fon tréfor; mais foit voleurs, foit inquifiteurs, on fait affez qu'elle eft plus cruelle qu'utile. Quant aux indices, on fait encor combien ils font incertains. Ce qui forme un foupçon violent dans l'efprit d'un homme, eft très équivoque, très faible aux yeux d'un autre. Ainfi le fuplice de la queftion & celui de la mort, font devenues des chofes arbitraires parmi nous, pendant que chez tant d'autres nations la torture eft abolie comme une barbarie inutile, & qu'il eft févérement défendu de faire mourir un homme fur de fimples indices (a).

(a) Quand les juges n'ont point vu le crime, quand l'accufé n'a point été faifi en flagrant délit, qu'il n'y a point de témoins oculaires, que les dépofans peuvent être ennemis de l'accufé; il eft démontré qu'alors le prévenu ne peut être jugé que fur des probabilités. S'il y a vingt probabilités contre lui, ce qui eft exceffivement rare, & une feule en fa faveur de même force que chacune des vingt,

Du moins la torture ne doit être ordonnée en France que lorfqu'il y a préalablement un corps de délit; & il n'y en avait point. Une femme morte d'apoplexie, foupçonnée vaguement d'avoir été affaffinée, n'eft point un corps de délit.

Après les indices viennent ce qu'on apelle des *demi-preuves*, comme s'il y avait des demi-vérités.

Mais enfin on n'avait contre *Monbailli* ni demi-preuve ni indice; tout parlait manifeſtement en fa faveur. Comment donc s'eſt-il pu faire que le conſeil d'Arras, après avoir reçu les dénégations toûjours fimples, toûjours uniformes de *Monbailli* & de fa femme, ait condamné le mari à foufrir la queſtion ordi-

il y a du moins un contre vingt qu'il n'eſt point coupable. Dans ce cas, il eſt évident que des juges ne doivent pas jouer à vingt contre un le fang innocent. Mais fi avec une feule probabilité favorable l'accuſé nie jufqu'au dernier moment, ces deux probabilités fortifiées l'une par l'autre équivalent aux vingt qui le chargent. En ce dernier cas condamner un homme ce n'eſt pas le juger, c'eſt l'aſſaſſiner au hazard. Or, dans le procès de *Monbailli* il y avait beaucoup plus de vraifemblance de l'innocence que du crime.

naire & extraordinaire, à mourir sur la roue après avoir eu le poing coupé ; la femme à être pendue & jettée dans les flammes ?

Serait-il vrai que les hommes accoutumés à juger les crimes, contractassent l'habitude de la cruauté, & se fissent à la longue un cœur d'airain ? se plairaient-ils enfin aux suplices ainsi que les bourreaux ? la nature humaine serait-elle parvenue à ce degré d'atrocité ? faut-il que la justice instituée pour être la gardienne de la société, en soit devenue quelquefois le fléau ? cette loi universelle dictée par la nature, qu'il vaut mieux hazarder de sauver un coupable que de punir un innocent, serait-elle bannie du cœur de quelques magistrats trop frapés de la multitude des délits ?

La simplicité, la dénégation invariables des accusés ; leurs réponses modestes & touchantes qu'ils n'avaient pu se communiquer, la constance attendrissante de *Monbailli* dans les tourmens de la question, rien ne put fléchir les juges ; & malgré les conclusions d'un procureur-général très éclairé, ils prononcèrent leur arrêt.

Monbailli fut renvoyé à St. Omer pour y subir cet arrêt prononcé le 9 Novembre 1770; il fut exécuté le 19 du même mois.

Monbailli conduit à la porte de l'église, demande en pleurant pardon à DIEU de toutes ses fautes passées, & il jure à DIEU *qu'il est innocent du crime qu'on lui impute*. On lui coupe la main ; il dit, *cette main n'est point coupable d'un parricide*. Il répète ce serment sous les coups qui brisent ses os : prêt d'expirer sur la roue, il dit à son confesseur ; *pourquoi voulez-vous me forcer à faire un mensonge, en prenez-vous sur vous le crime ?*

Tous les habitans de St. Omer témoins de sa mort, lui donnent des larmes; non pas de ces larmes que la pitié arrache au peuple pour les criminels même dont il a demandé le suplice, mais celle que la conviction de son innocence a fait répandre longtems dans cette ville.

Tous les magistrats de St. Omer ont été,

B 5

& font encor convaincus que ces infortunés n'étaient point coupables.

La femme de *Monbailli* qui était enceinte, eft reftée dans fon cachot d'Arras, pour être exécutée à fon tour quand elle aurait mis fon enfant au monde : c'était être à la potence pendant fix mois fous la main d'un bourreau, en attendant le dernier moment de ce long fuplice. Quel état pour une innocente ! elle en a perdu l'ufage des fens & fa raifon a été aliénée : elle ferait heureufe d'avoir perdu la vie; mais elle eft mère; elle a deux enfans, l'un qui fort du berceau, l'autre à la mammelle. Son père & fa mère prefqu'auffi à plaindre qu'elle, ont profité du tems qui s'eft écoulé entre fon arrêt & fes couches pour demander un furfis à Mr. le chancelier: il a été accordé. Ils demandent aujourd'hui la revifion du procès. Ils fe font fondés, comme on l'a déja dit, fur la confultation de treize avocats, & fur celle du célèbre profeffeur *Louis*.

Voilà tout ce que je fais de cette horrible avanture qui exciterait les cris de toute la

France fi elle regardait quelque famille considérable par fes places, ou par fon opulence, & qui a été longtems inconnue parce qu'elle ne concerne que des pauvres.

On peut efpérer que cette famille obtiendra la juftice qu'elle implore ; c'eft l'intérèt de toutes les familles ; car après tant de tragiques exemples, quel homme peut s'affurer qu'il n'aura pas des parens condamnés au dernier fuplice, ou que lui-mème ne mourra pas fur un échafaut ?

Si deux époux qui dorment dans l'antichambre de leur mère tandis qu'elle tombe en apoplexie, font condamnés comme des parricides malgré la fentence des premiers juges, malgré les conclufions du procureur-général, malgré le défaut abfolu de preuves & l'invariable dénégation des accufés, quel eft l'homme qui ne doit pas trembler pour fa vie ? ce n'eft pas ici un arrèt rendu fuivant une loi rigoureufe & durement interprètée ; c'eft un arrèt arbitraire prononcé au mépris des loix & de la raifon. On n'y voit d'autre motif finon celui-ci: Mourez, parce que telle est ma volonté.

La France se flate que le chef de la magistrature qui a réformé tant de tribunaux, réformera dans la jurisprudence elle-même ce qu'elle peut avoir de défectueux & de funeste.

Peut-être l'usage afreux de la torture proscrit aujourd'hui chez tant de nations, ne sera-t-il plus pratiqué que dans ces crimes d'état qui mettent en péril la sûreté publique.

Peut-être les arrêts de mort ne seront exécutés qu'après un compte rendu au souverain, & les juges ne dédaigneront pas de motiver leurs arrêts à l'exemple de tous les autres tribunaux de la terre.

On pourrait présenter une longue liste des abus inséparables de la faiblesse humaine qui se sont glissés dans le recueil si immense & souvent si contradictoire de nos loix, les unes dictées par un besoin passager, les autres établies sur des usages ou des opinions qui ne subsistent plus, ou arrachées au souverain dans des tems de troubles, ou émanées dans des tems d'ignorance.

Mais ce n'eſt pas à nous, ſans doute, d'oſer rien indiquer à des hommes ſi élevés au-deſſus de notre ſphère; ils voyent ce que nous ne voyons pas ; ils connaiſſent les maux & les remèdes. Nous devons attendre en ſilence ce que la raiſon, la ſcience, l'humanité, le courage d'eſprit & l'autorité voudront ordonner.

N.